LAS 5 COSAS QUE SABER ANTES DE PATENTAR TU INVENTO

MANUEL ALCAYDE DÍAZ

PRÓLOGO

En este libro te explico lo que en muchas ocasiones no te cuentan antes de patentar tu invento por lo que inviertes en un proceso largo y costoso que termina en un resultado muy diferente al esperado o al que te han pintado. No te aburro dándote explicaciones teóricas de la Ley de Patentes, es un libro práctico y directo que incluye de una manera amena y fácil de comprender si te conviene o no patentar tu invento. En menos de 30 minutos vas a tener todos los conocimientos necesarios para decidir si emprender o no un proceso que suele tardar meses o incluso años de dedicación y esfuerzo antes de sacarle rentabilidad.

Una trayectoria profesional de 29 años asesorando a inventores en el campo de la Propiedad Industrial me permiten tener conocimiento sobre las dudas, las preocupaciones y algunas falsas creencias que tenéis los inventores, al tiempo que también me permiten explicarte de una forma práctica e infalible lo más importante que debes saber para que no pierdas el tiempo ni el dinero con tu invento o por el contrario te animes a presentar una patente y sacarle fruto a tu ingenio.

Con antelación a explicarte los motivos y razonamientos, te muestro *resultados reales* publicados por la *World Intellectual Property Organization (WIPO),* conocida en España como la *Organización Mundial de la Propiedad Industrial (OMPI).*

El siguiente gráfico muestra la relación entre el número de patentes solicitadas y las concedidas durante el año 2020 en algunos de los principales países en Propiedad Industrial:

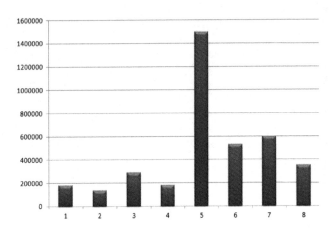

1. Patentes solicitadas en la EPO
2. Patentes concedidas en la EPO

3. Patentes solicitadas en Japón
4. Patentes concedidas en Japón

5. Patenes solicitadas en China
6. Patentes concedidas en China

7. Patentes solicitadas en USA
8. Patentes concedidas en USA

*EPO: European Patent Office

Fuente: WIPO IP Statistics Data Center.

https://www3.wipo.int/ipstats/

Lo primero que salta a la vista es que tan solo en La República Popular China se presentan más solicitudes de patentes que en los tres siguientes países productores de patentes juntos (a pesar de haberse considerado toda Europa como un solo bloque) y que es en China donde el porcentaje de solicitudes de patentes denegadas es mayor puesto que tan solo el 35% son concedidas. En el resto de países el porcentaje de patentes concedidas es mayor que en China, pero como puedes comprobar **hay un número enorme de de patentes que se presentan y finalmente son denegadas.**

En España durante el año 2020 se presentaron 1.555 solicitudes de patentes y tan solo fueron concedidas 641, es decir, **se denegaron el 59%** en proporción a las presentadas en el mismo año. En el siguiente gráfico puedes comprobar esta correlación:

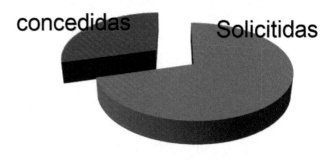

Fuente: *WIPO IP Statistics Data Center.*
https://www3.wipo.int/ipstats/

A continuación te explico todo lo que debes saber para que antes de presentar tu patente adquieras unos conocimientos que son imprescindibles antes de emprender tu proyecto.

1. TODA INVENCIÓN HA DE SER NUEVA, TENER ACTIVIDAD INVENTIVA Y APLICACIÓN INDUSTRIAL.

El requisito de la **<u>novedad</u>** incluye divulgaciones o exposiciones que pudieras haber hecho tú mismo. Por lo tanto hasta el momento de la presentación de la patente no puedes promocionarla y debes mantenerla en secreto. En la actualidad los examinadores de patentes comprueban también Internet, Buscadores y Redes

Sociales para comprobar la novedad de un invento por lo que debes tener sumo cuidado.

El requisito de la **actividad inventiva** es la Espada de Damocles que hace peligrar el valor y también la concesión de todas las invenciones. Se entiende que un invento posee actividad inventiva cuando examinado por un experto en la materia el cual tiene conocimiento de todas las patentes que existen y de todas las invenciones publicadas o utilizadas en el mercado, dicho experto considera que tu invento no se puede deducir de manera obvia o evidente.

Tanto la novedad como la actividad inventiva se examinan **a nivel mundial**. Esto quiere decir que si tu invento no tiene patente en España o si tu invento no está divulgado por ningún medio, pero está protegido como patente o modelo de utilidad en cualquier otro país del mundo, no cumpliría con el requisito de la novedad ni la actividad inventiva.

El requisito de la **actividad industrial** significa que el objeto o resultado de tu invento debe ser algo que se pueda fabricar y comercializar. Los procedimientos también se pueden patentar siempre y cuando conduzcan a un resultado palpable como por ejemplo pueden ser; aguas depuradas, medicamentos, o un procedimiento que permita la elaboración de un producto concreto de una manera más eficiente, económica o segura. También se pueden patentar las recetas de cocina siempre y cuando cumplan el requisito de la actividad inventiva, es decir; que dicha receta no resulte obvia para un experto en cocina.

A este respecto, y basándome puramente en la experiencia, puedo asegurarte que la simple combinación de ingredientes para dar lugar a un nuevo producto no cumple el requisito de actividad inventiva. Para que una receta de cocina, un producto cosmético o cualquier otro producto obtenido mediante un determinado proceso pueda ser admitido como patente es necesario que tenga cierta complejidad y que solvente alguna dificultad como podrían ser a modo de ejemplos; unos tiempos de cocción muy específicos sin los cuales no se obtiene el resultado deseado, una centrifugación del producto o de parte de sus ingredientes, filtrado, tiempo de maduración, forma de recolección y intervalo de temperaturas necesarias, etc.

Llegados a este punto es interesante que conozcas que existen dos maneras distintas de proteger tu invento, o dicho de otra manera hay dos tipos o modalidades de patentes: Las Patentes de Invención y los Modelos de Utilidad.

- **Modalidad A. La Patente de Invención**: Confiere al titular la exclusividad o monopolio de la invención durante 20 años. En las patentes es obligatorio solicitar un informe llamado Informe sobre el Estado de la Técnica (IET) el cual examina la novedad y actividad inventiva de tu invención **a nivel mundial** y también es obligatorio un examen llamado examen sustantivo el cual valora el resultado del IET y en función del mismo te conceden o te deniegan tu patente. El importe de ambas tasas son elevados pero si eres autónomo o empresa tienes un descuento del 50%.

La mayor **ventaja** que tiene proteger un invento bajo la modelidad de patente es que una vez concedida el Estado garantiza que no hay otro invento igual ni parecido al tuyo. Esto significa que puedes invertir en la fabricación y venta del producto sin ninguna preocupación de que puedas tener competidores o bien puedes vender o licenciar tu patente por un importe elevado ya que con la concesión de tu patente garantizas al posible comprador

que es un producto o un procedimiento
exclusivo e inimitable.

- **Modalidad B. El Modelo de Utilidad:**
Esta otra modalidad de patente también
confiere a su titular la exclusividad o
monopolio de su invención pero el tiempo
de duración es 10 años.

La gran diferencia con la patente de
invención es que la Ley no exige que se
pida el informe de la novedad y actividad
inventiva de tu invención (el IET) ni
tampoco exige que se pida el Examen
Sustantivo por lo que si proteges tu
invención como modelo de utilidad tienes
las **ventajas** de que te va a salir mucho más

barato , vas a tener la **concesión asegurada y** unas cuatro veces **más rápido** que si proteges tu invento como patente de invención.

Pero tienes el **inconveniente** de que a pesar de que te lo concedan y de que el Estado garantice su exclusividad; no puedes saber a ciencia cierta si hay un invento igual o similar patentado con anterioridad al tuyo, por lo que es **difícil encontrar un socio fabricante, venderla o licenciarla**. Ten en cuenta que para que una tercera parte se comprometa contigo a fabricar el invento o bien te lo quiera comprar u obtener una licencia, te va a pedir garantía de que es un producto único y exclusivo pero el Modelo de Utilidad no puede proporcionar esa garantía. Por todo ello la protección de un invento bajo la modalidad de Modelo de Utilidad es más recomendable cuando tienes el propósito de fabricar y vender el producto resultante de tu invento por ti mismo.

De otra parte, ten en cuenta que si un tercero con conocimientos en el campo de las patentes o que estuviese bien asesorados por un experto en Propiedad Industrial estuviese interesado en fabricar o vender el objeto de tu invención; podría interponer un recurso judicial alegando que tu invento carece de novedad o actividad inventiva. Si esto sucede, ese sujeto estaría obligado a solicitar en la Oficina Española de Patentes y Marcas el Informe sobre el Estado de la Técnica (IET) quedando la protección y el valor de tu invención supeditada al resultado de dicho informe.

Teniendo en cuenta todo lo anterior y a pesar de este inconveniente; te puede interesar proteger tu invento como modelo de utilidad porque en tanto y cuando no se demuestre por vía judicial que no es nuevo y que no tiene actividad inventiva, como titular del modelo de utilidad estás legitimado para seguir fabricando y vendiendo en exclusividad el invento hasta que termine dicho proceso judicial el cual puede tardar más de un año desde la primera notificación que recibas.

Por todo ello, dependiendo de tus circunstancias, te puede interesar proteger tu invento como patente o como modelo de utilidad.

2. LAS IDEAS NO SON PATENTABLES.

Toda invención ha de tener un componente técnico para que poder ser patentada. Si tu idea contiene procedimientos técnicos, o mecanismos, o bien artilugios con los cuales se consigue alcanzar dicha idea sí podría ser objeto de patente pero que te quede muy claro que no patentas la idea sino la manera mediante la cual consigues llevar a cabo esa idea.

 Esto quiere decir que si una misma idea o una misma solución a un problema técnico se puede conseguir utilizando distintos procedimientos, o bien distintos artilugios o mecanismos, cada uno de dichos procedimientos o artilugios pude ser una patente distinta.

La condición indispensable es que cada uno de ellos ha de tener actividad inventiva respecto a los otros procedimientos o artilugios, o dicho de otra forma, cada una de las invenciones posteriores no se puede deducir de una manera evidente de las invenciones anteriores.

Es muy frecuente que haya ideas espléndidas pero que no tengan un soporte material o un soporte técnico novedoso para el desarrollo o implementación de dicha idea, motivo por el cual no se puede patentar.

A lo largo de mi vida profesional son muchos los clientes que me han transmitido fantásticas ideas, pero al carecer de un procedimiento técnico, un mecanismo o un artilugio que tuviese novedad y actividad inventiva; no eran ideas patentables.

A continuación te pongo dos ejemplos reales de algunos clientes con grandes ideas pero que no se han podido patentar por el motivo explicado.

- Ejemplo primero:
Maleta con GPS.

Ocurre con demasiada frecuencia que; habiendo llegado al aeropuerto de destino, la maleta no ha llegado en el mismo vuelo que el tuyo o incluso ha sido enviada a otro aeropuerto, no obtenemos respuestas y la maleta tarda en llegar días o incluso semanas. Para evitar este problema una buena solución podría ser incorporar un

GPS en alguna parte de la maleta, de manera que si la maleta no llegase a tu destino, al tener conocimiento de dónde se encuentra, nos la pudieran enviar en el siguiente vuelo.

Verdaderamente en el ejemplo expuesto se proporciona una excelente solución a un problema, pero lamentablemente tanto la maleta como el GPS ya están inventados y a menos que se proporcione un procedimiento o un mecanismo novedoso para incorporar el GPS a la maleta, no podría ser aceptado como patente. Por el contrario; si se dispone de una técnica o un mecanismo para incorporar el GPS en la maleta y que dicho mecanismo proporcione utilidad y ventajas en dicho proceso de acople o inserción del GPS a la maleta, sí podría ser patentado todo el conjunto. ¡Ojo!

Recuerda que tal y como hemos explicado, lo que queda patentado es el mecanismo o el proceso para conseguir dicha idea (un GPS incorporado en la maleta), pero no la idea en sí misma. Es decir, que si otra persona inventa un mecanismo para incorporar el GPS en la maleta que sea distinto, nuevo y que no se deduzca de forma evidente del anterior; dicho mecanismo también puede ser protegido como una patente distinta para la misma idea.

- Ejemplo segundo:

  Casinos y Juegos de Azar.

En algunos países de Asia oriental están prohibidos los juegos de azar y los casinos, es por ello que muchos habitantes de dichos países viajan al extranjero para poder realizar dichas actividades.

Un cliente nuestro nos expuso una genial idea para que los habitantes pudieran jugar y realizar las mismas actividades que en un casino sin necesidad de viajar a otros países. Su **idea** fue instalar bingos, ruletas, dados y otros juegos de azar en los aviones de pasajeros para poder jugar una vez que el avión se encuentre en pleno vuelo dentro de una zona internacional la cual es un tipo de extraterritorialidad regido por el derecho internacional y no por el país en el cual se ha prohibido el juego, como ya habrás aprendido la genial idea del cliente carecía un aspecto técnico, es decir, un proceso o un mecanismo que proporcione una ventaja tecnológica.

En este caso la idea propuesta solo podría patentarse si el cliente que tuvo la idea aportase un proceso de adaptación de la cabina del avión a la instalación de los juegos de azar; o bien los mecanismos de acople a la cabina del avión o cualquier otra pieza o mecanismo que incorporase cierta ventaja para conseguir ese fin y por supuesto cumpliendo siempre los requisitos de ser nuevos y que no se puedan deducir de manera evidente de lo que ya está inventado (actividad inventiva). Y como también has aprendido ya, lo que realmente constuye la patente o el modelo de utilidad y quedaria protegido, son esos mecanismos pero no la idea en sí misma.

3. PROHIBICIONES DE LA LEY DE PATENTES SOBRE INVENCIONES O CREACIONES NO PATENTABLES.

Llegados a este punto para disipar cualquier ápice de duda, considero de utilidad que conozcas todo aquello que <u>por Ley, es decir, sin discusión, no te puedes plantear obtener un derecho económico</u> en base a una patente, *Ley 24/2015, de 24 de julio.*

A continuación tienes un listado de las invenciones que no son patentables:

< Artículo 4.4: **No se considerarán invenciones:**

a) Los descubrimientos, las teorías científicas y los métodos matemáticos.

b) Las obras literarias, artísticas o cualquier otra creación estética, así como las obras científicas.

*c) Los planes, reglas y métodos para el ejercicio de actividades intelectuales, para juegos o para actividades económico-comerciales, así como **los programas de ordenadores**.*

d) Las formas de presentar informaciones.

5. Lo dispuesto en el apartado anterior excluye la patentabilidad de las materias o actividades mencionadas en el mismo solamente en la medida en que la solicitud de patente o la patente se refiera exclusivamente a una de ellas considerada como tal.

Artículo 5. **No podrán ser objeto de patente:**

1. Las invenciones cuya explotación comercial sea contraria al orden público o a las buenas costumbres, sin poderse considerar como tal a la explotación de una invención por el mero hecho de que esté prohibida por una disposición legal o reglamentaria.

En particular, no se considerarán patentables en virtud de lo dispuesto en el párrafo anterior:

a) Los procedimientos de clonación de seres humanos.

b) Los procedimientos de modificación de la identidad genética germinal del ser humano.

c) Las utilizaciones de embriones humanos con fines industriales o comerciales.

d) Los procedimientos de modificación de la identidad genética de los animales que supongan para estos sufrimientos sin utilidad médica o veterinaria sustancial para el hombre o el animal, y los animales resultantes de tales procedimientos.

2. Las variedades vegetales y las razas animales. Serán, sin embargo, patentables las invenciones que tengan por objeto vegetales o animales si la viabilidad técnica de la invención no se limita a una variedad vegetal o a una raza animal determinada.

3. Los procedimientos esencialmente biológicos de obtención de vegetales o de animales. A estos efectos se considerarán esencialmente biológicos aquellos procedimientos que consistan íntegramente en fenómenos naturales como el cruce o la selección.

Lo dispuesto en el párrafo anterior no afectará a la patentabilidad de las invenciones cuyo objeto sea un procedimiento microbiológico o cualquier otro procedimiento técnico o un producto obtenido por dichos procedimientos.

4. El cuerpo humano, en los diferentes estadios de su constitución y desarrollo, así como el simple descubrimiento de uno de sus elementos, incluida la secuencia o la secuencia parcial de un gen.

Sin embargo, un elemento aislado del cuerpo humano u obtenido de otro modo mediante un procedimiento técnico, incluida la secuencia total o parcial de un gen, podrá considerarse como una invención patentable, aún en el caso de que la estructura de dicho elemento sea idéntica a la de un elemento natural.

La aplicación industrial de una secuencia total o parcial de un gen deberá figurar explícitamente en la solicitud de patente.>

4. EL CASO DE LOS PROGRAMAS DE ORDENADOR Y LAS APP.

Tal y como se indica en el apartado anterior, la *Ley 24/2015, de 24 de julio* de patentes, en su artículo 4.4.c) prohíbe explícitamente la protección como patente de los programas de ordenador. Esto incluye igualmente las APP, por tanto todo tipo de software y programación informática.

Tan solo podrías proteger un invento que funcione con base a un software, cuando el resto de los elementos que componen la invención contribuyen a que ese invento en su conjunto tenga novedad y actividad inventiva pero no queda protegido el software en sí mismo. Te pongo un ejemplo real de un invento patentado y concedido, un carrito de mano adaptado para la recogida de vayas y frutas silvestres. Este carrito tiene la particularidad de que siempre mantiene la horizontalidad por muy inclinado que sea el terreno gracias a un software que calcula en cada momento el grado de inclinación y envía una orden a cada una de las cuatro patas con las ruedas en sus extremos, sin este software el invento no funcionaría. Pero a pesar de ello la patente no protege este programa de ordenador ni protege la idea en sí misma, lo que la patente protege es la manera mediante la cual se ejecuta dicho software proporcionando el resultado deseado; es decir, todo el conjunto de elementos y su configuración; el tipo de patas que conforman el carro, sus uniones con la bandeja donde se depositan las bayas, dónde y cómo se sitúan los componentes electrónicos y en definitiva el conjunto de elementos y su configuración de tal manera que hacen que funcione satisfactoriamente cumpliendo su propósito eficientemente.

Aprovechando este ejemplo vamos a volver a hacer hincapié en ese concepto tan controvertido que es la **actividad inventiva**: En nuestro ejemplo, si un tercero llegase a desarrollar la misma idea con el mismo objetivo, incluso utilizando un software igual o similar, es decir, otra persona o empresa que fabricase otro carro para la recogida de frutos silvestres que funcionase mediante un software, pero que dicho carro tuviese una configuración distinta, unas características distintas de las piezas o elementos que constituyen el carro, y que obtuviese un resultado igual <u>o mejor</u> que el anterior carro; dicha idea sería patentable siempre y cuando sea nueva y **no se pueda deducir de una manera**

evidente del invento o carro anterior (actividad inventiva).

Como ya has aprendido, en el caso de los modelos de utilidad no se examina la novedad y la actividad inventiva por lo que teniendo aplicación industrial siempre son concedidos. Si se diera este caso la patente o modelo anterior podría impugnar la validez del modelo de utilidad a pesar de haber sido concedido.

En la mayoría de los países no se pueden proteger como patente los programas de ordenador y las APP, por ejemplo en España no están admitidos, ni en ninguno de los países de la Comunidad Europea y tampoco en China. En contraposición y muy sorprendentemente, sí se pueden proteger los programas de ordenador como patente en E.E.U.U.

5. LAS CREACIONES NO PATENTABLES SÍ PUEDEN TENER DERECHOS DE AUTOR © O COPY RIGHT.

A pesar de que no puedas obtener una rentabilidad económica porque no fuese posible patentar tu idea, sí puedes obtener el **reconocimiento moral** de que eres el inventor o el creador de esa idea.

Como ya hemos visto, es muy frecuente que se tenga una buena idea pero al carecer de un componente tecnológico, no se puede proteger como patente. Sírvase como ejemplo los ya mencionados: La idea del GPS en la maleta, casinos instalados en los aviones, u otras invenciones, por ejemplo; un modelo de negocio o un sistema de organización en empresarial que es nuevo y tiene actividad inventiva pero que no tienen aplicación industrial puesto que no se puede fabricar ni resulta de dicha invención un objeto físico final.

Pongamos un ejemplo más; el caso TELEPIZZA.

A pesar de que hoy en día es algo de lo más corriente, a principios de los años 80 fue una idea de lo más vanguardista, un negocio tan simple como cocinar alimentos y llevarlos a tu domicilio no existía, fue una idea y un modelo de negocio extraordinario, pero al carecer de carácter técnico y un objeto, no era posible obtener una patente y desde aquel entonces son muchas las empresas que te llevan comida cocinada a tu domicilio.

En todos estos casos que desarrollas un modelo de negocio, un sistema de organización empresarial, una forma de presentar información o que simplemente tienes una gran idea que no se puede patentar, la única forma para tener un derecho (moral) sobre esa idea es plasmarla en soporte escrito, ya sea papel o soporte electrónico y presentarlo en el *Registro de la Propiedad **Intelectual.***

Dicho registro reconoce que eres el autor de esa idea y que no es ninguna otra persona o empresa, pero no te da derecho en exclusiva a poner dicha idea en práctica, es decir, cualquier otra persona o empresa puede desarrollar o poner en práctica la misma idea <u>sin necesidad de pedirte permiso</u>. En estos casos, lo mejor que podría ocurrirte hablando en términos económicos, es que si la obra en la cual explicas tu idea, tu proyecto o tu modelo de negocio llega a gustar y a tener éxito; quizás obtengas buenos ingresos si llegas a vender muchos ejemplares de ese libro.

Para finalizar y para que puedas observar un ejemplo real de patente; te muestro la patente mundial (PCT) WO2003080386A1 "Asiento para vehículos, transformable en cama" solicitada en el año 2003.

A continuación del desarrollo de la patente, puedes ver un listado de las patentes citadas en el IET:

RESUMEN

El asiento incluye una estructura (3) de respaldo (1) y una estructura (5) de cojín (2), siendo aquella abatible hacia atrás para conseguir, mediante ligera elevación simultanea del cojín (2), la transformación en cama al quedar situados horizontalmente y alineados superficialmente tanto el respaldo (1) abatido como el cojín (2). Las estructuras (3) y (5) del respaldo y cojín están relacionadas entre sí mediante un eje de articulación (10) respecto del cual pueden girar libremente ambas, de manera que el abatimiento hacia atrás de la estructura (3) del respaldo lleva consigo el empuje de la estructura (5) del cojín y la elevación de éste, al estar por su zona anterior *relacionada por una biela (7) articulada entre la propia estructura (5) del cojín (2) y la estructura general y fija (6) del asiento.*

D E S C R I P C I O N

OBJETO DE LA INVENCIÓN

La presente invención se refiere a un asiento para vehículos, con unos mecanismos que permiten abatir hacia atrás el respaldo y elevar ligeramente el cojín del asiento para determinar una superficie horizontal que se puede utilizar eventualmente como una cama.

El objeto de la invención es proporcionar unos medios materializados en un pequeño número de piezas que debidamente asociadas estructural y funcionalmente, en su aplicación al asiento de un vehículo, permiten transformar dicho asiento en una cama como consecuencia de que el abatimiento hacia atrás del respaldo y una leve elevación hacia arriba del cojín de asiento determinan una superficie perfectamente plana para su utilización como cama.

ANTECEDENTES DE LA INVENCIÓN

El abatimiento del respaldo de asientos de vehículos es una práctica común, a fin de conseguir una superficie más o menos plana que pueda servir como cama. Evidentemente, el abatimiento hacia atrás del respaldo da lugar a que el asiento quede ligeramente elevado respecto del plano que determina aquel, con lo que la cama resultará incómoda en su uso como lecho.

En tal sentido, se conocen sistemas o mecanismos que no solamente permiten abatir el respaldo de un asiento de vehículo hacia atrás, sino elevar ligeramente el cojín del asiento para mejorar la horizontalidad del conjunto, o lo que es lo mismo conseguir una superficie horizontal o de alineamiento entre la parte superior del cojín y la parte superior del respaldo cuando éste se abate hacia atrás.

Como ejemplo de un mecanismo que permite efectuar el abatimiento hacia atrás del respaldo de un asiento y la elevación del cojín de éste para conseguir una cama, puede citarse la patente norteamericana US 6135558, en la que entre el cojín de asiento y el propio respaldo va dispuesta una pieza arqueada a modo de biela que en el abatimiento hacia atrás del respaldo lleva consigo el basculamiento de esa pieza y en consecuencia la elevación de la parte posterior del cojín, el cual se eleva igualmente por su parte delantera por medio de un juego de bielas articuladas entre sí y a su vez articuladas tanto al cojín como a la estructura fija del asiento.

El mecanismo se complementa con medios de bloqueo para mantener la estabilidad tanto en la posición de uso normal del respaldo como la posición de abatimiento de éste, a fin de conseguir que esas posiciones queden estables como se acaba de decir.

En cualquier caso, el mecanismo presente inconvenientes tales como la necesidad de dos bielas con sus correspondientes articulaciones para elevar la parte delantera del cojín en el abatimiento hacia atrás del respaldo, así como la necesidad de utilizar una especie de biela articulada para relacionar el cojín con el respaldo, independientemente de lo poco fiable que resultan los medios de arqueo en las posiciones estables de reposo y de abatimiento. Otros mecanismos se describen en documentos tales como la patente alemana DE 10035256 Cl, la patente USA 4268086, la patente europea EP 0628445 Al, entre otras, aunque todas ellas presentan el inconveniente de que los mecanismos para conseguir que el asiento del correspondiente vehículo se transforme en una cama, son complejos al estar constituidos mediante numerosas piezas con los inconvenientes que ello conlleva.

DESCRIPCIÓN DE LA INVENCIÓN

El asiento para vehículos transformable en cama que se preconiza, ha sido concebido para resolver la problemática anteriormente expuesta, basándose en un mecanismo sencillo, puesto que está determinado por un número mínimo de piezas que no solamente permiten abatir el respaldo hacia atrás y a su vez elevar simultánea y ligeramente el cojín de asiento para determinar una superficie horizontal, sino que se logra mediante un simple cerrojo, formado por una pieza *basculante, bloquear el respaldo en ambas posiciones, de abatimiento y de verticalidad, manteniéndolas en dicha posición a no ser que se actúe intencionadamente sobre esa pieza en funciones de cerrojo.*

Más concretamente, el mecanismo aplicable al asiento para vehículos objeto de la invención se caracteriza porque el respaldo está unido a la estructura del asiento a través de un eje respecto del cual puede girar dicho respaldo, a la vez de que este último está relacionado con el cojín mediante otro eje de giro que posibilita el basculamiento o giro libre de uno respecto del otro en ese punto de articulación de ambos elementos (respaldo y cojín) . La estructura del respaldo presenta una parte, en la que está precisamente establecido el eje de articulación con el cojín, que queda situada, en posición de reposo para aquel, bajo la parte posterior del cojín, de manera que el abatimiento hacia atrás de dicho respaldo lleva consigo el empuje y a su vez la elevación del cojín, que por su parte anterior está relacionada con una biela articulada por un lado al propio cojín y por otro a la estructura fija del asiento, estructura esta que además de soportar todas las cargas dispondrá de elementos de apoyo que realicen la función de tope o fin de carrera cuando se alcanza alguna de las dos posiciones finales y correspondientes a la función de asiento propiamente dicha, y a la función de cama en la transformación de aquel .

Esas posiciones límites se mantienen estables por medio de una pieza basculante en funciones de cerrojo, que está montada a través de un eje de giro sobre la estructura del asiento, de manera que en una posición dicha pieza realiza el bloqueo de un bulón establecido al efecto en la estructura del respaldo, manteniendo a éste en dicha posición, mientras que cuando dicho respaldo se abate, la misma pieza, previa liberación de la posición de bloqueo anteriormente referida, se bloquea de nuevo en otro bulón de la propia estructura del respaldo, manteniéndose establemente en dicha posición, a no ser que se actúe sobre tal pieza en funciones de cerrojo.

De acuerdo con la descripción realizada hasta el momento, se habrá podido comprobar que los medios que permiten transformar el asiento de un vehículo en una cama están constituidos por un número mínimo de piezas, con una funcionalidad sencilla y además segura en las posiciones estables que puede ocupar el conjunto cuando se sitúa el respaldo en vertical cumpliendo las funciones de asiento propiamente dicho, o cuando se sitúa el respaldo en horizontal con la elevación del asiento, correspondiendo a la transformación en cama.

Cabe destacar el hecho de que las características referidas, tanto en lo que se refiere a la configuración de la estructura del respaldo en relación con el cojín de asiento, como a la disposición y montaje de las distintas piezas que constituyen el conjunto del mecanismo, no existe posibilidad de que el respaldo se pueda mover sin que ello implique el movimiento del cojín, al estar siempre permanentemente unidos a través del eje de giro común a ambos y respecto del cual pueden girar libremente ambos componente, como ya se ha dicho con anterioridad.

DESCRIPCIÓN DE LOS DIBUJOS

Para complementar la descripción que se está realizando y con objeto de ayudar a una mejor comprensión de las características del invento, de acuerdo con un ejemplo preferente de realización práctica del mismo, se acompaña como parte integrante de dicha descripción, un juego de dibujos en donde con carácter ilustrativo y no limitativo, se ha representado lo siguiente:

La figura 1.- Muestra una vista lateral en sección del conjunto de asiento de un vehículo en posición de reposo.

La figura 2.- Muestra otra vista en sección lateral, pero en este caso con el conjunto del asiento transformado en cama, por abatimiento hacia atrás del respaldo y pequeña elevación del cojín de asiento.

REALIZACIÓN PREFERENTE DE LA INVENCIÓN

A la vista de las figuras referidas puede observarse como el asiento para vehículos objeto de la invención, transformable en cama y que incluye como es convencional un respaldo (1) y un cojín (2) de asiento, presenta la particularidad de que la estructura (3) del respaldo (1) va montada articuladamente sobre la estructura fija del conjunto del asiento a través de un eje de giro (4), mientras que la estructura (5) del cojín

(2) se relaciona con la estructura fija (6) mediante una biela (7) que por un extremo está articulada, a través del eje de giro (8), a la estructura (5) del cojín (2), mientras que por el otro extremo la comentada biela (7) está articulada, mediante el eje (9), a la estructura general y fija (6) del conjunto del asiento, quedando situada esa biela (7) en correspondencia con la parte anterior y por debajo del propio cojín (2), como se representa claramente en las figuras.

La estructura (3) del respaldo (1) y la estructura

(5) del cojín (2) están relacionadas entre sí a través de un eje de giro (10) respecto del cual ambas estructuras pueden girar, constituyendo dicho eje (10) el medio de vinculación articulado entre asiento y cojín.

En la estructura (3) del respaldo (1) , además del eje de giro (4) para dicho respaldo y del eje de giro (10) o de articulación respecto del cojín, comprende una pareja de bulones (11) y (12) en los cuales puede enclavarse una pieza basculante (13) en funciones de cerrojo que va montada pivotantemente sobre la estructura general del asiento a través de un eje de giro (14), de manera que esa pieza en funciones de cerrojo (13) *está dotada de una pareja de escotaduras (15) y (16) que de acuerdo con la posición del respaldo (1) determinarán medios de posicionado para el bulón (11) o el bulón (12) , respectivamente, y determinar el medio de bloqueo e inmovilización del respaldo en cualquiera de las dos posiciones, es decir de reposo como se representa en la figura 1, o cuando se ha transformado en cama como se representa en la figura 2.*

La estructura (3) del respaldo (1) se prolonga por debajo y por detrás del cojín (2) del asiento, determinando una porción extrema (17) en la que están precisamente previstos tanto el bulón (11) de bloqueo en la posición de reposo del respaldo (1) como el eje de articulación y giro (10) entre tal estructura (3) del respaldo (1) y la estructura (5) del cojín (2) . 7.

De acuerdo con estas características, en la posición de reposo representada en la figura 1 el asiento cumple su función como tal, manteniéndose estable y bloqueado el respaldo (1) en esa posición por medio de la pieza en funciones de cerrojo (13) que se enclava en el bulón (11) de la estructura (3) de dicho respaldo (1) , impidiendo que éste pueda abatirse hacia atrás .

Ahora bien, si se desbloquea el cerrojo (13) respecto el bulón (11) , entonces el respaldo (1) , o lo que es lo mismo su estructura (3), puede abatirse hacia atrás, abatimiento que lleva consigo el empuje del respaldo sobre la estructura (5) del cojín (2), produciendo el desplazamiento de éste y a su vez una ligera elevación hacia arriba de la parte posterior, mientras que en virtud de la biela (7) relacionada con la estructura (5) del cojín (2) y con la estructura fija (6) del asiento, esa biela (7) bascula y produce la elevación de la parte delantera de tal cojín (2), consiguiéndose una continuidad superficial entre el cojín (2) y el respaldo (1) como se representa en la figura 2, de manera que en esta posición el bulón (12) de la estructura (3) del respaldo (1) se enclava en la escotadura (16) del cerrojo (13) , manteniéndose estable en esa posición hasta que no se lleve a cabo una nueva liberación intencionada del propio cerrojo (13) respecto de tal bulón (12).

Como se habrá podido comprobar, la transformación del asiento de un vehículo en cama, para la utilización eventual de ésta, se realiza de forma sencilla, con un número mínimo de piezas y con total eficacia, tanto funcional como de seguridad en las posiciones límites de asiento propiamente dicho y de cama.

REIVINDICACIONES

1.- Asiento para vehículos, transformable en cama, que constituyéndose mediante un respaldo con su correspondiente estructura y un cojín también con su estructura, siendo susceptible la estructura del respaldo de abatirse hacia atrás para situarse horizontalmente en alineación superficial por el cojín por ligera elevación de éste durante el abatimiento del propio respaldo, se caracteriza porque la estructura (3) del respaldo (1) está relacionada con la estructura (5) del cojín (2) mediante un eje de articulación (10), respecto del cual pueden girar libremente ambas estructuras, habiéndose previsto que la estructura (3) del respaldo esté relacionada con la estructura fija del asiento a través de un eje de giro

(4) , en tanto que la estructura (5) del cojín (2) está relacionada con la estructura fija del asiento (6) a través de una biela (7) situada en una zona aproximada a la parte anterior de dicho cojín y, articulada a través de un eje (8) con la propia

estructura (5) de tal cojín (2) y articulada, a través de un eje (9) , respecto de la estructura fija (6) del asiento, de manera que el abatimiento hacia atrás del respaldo lleva consigo el empuje y elevación del cojín (2) para conseguir la continuidad superficial entre ambos.

2.- Asiento para vehículos, transformable en cama, según reivindicación , caracterizado porque sobre la estructura (3) del respaldo (1) se han previsto dos bulones (11) y (12) que en combinación con una pieza basculante (13) en funciones de cerrojo y montada giratoriamente a través de un eje (14) sobre la estructura general del asiento, permiten bloquear las posiciones extremas de dicha estructura (3) del respaldo (1) , correspondientes a las de uso normal como asiento y la de abatimiento para conseguir la transformación en cama.

FIGURAS

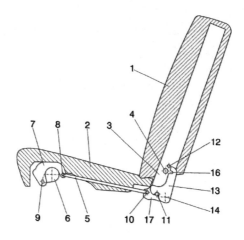

FIG.1

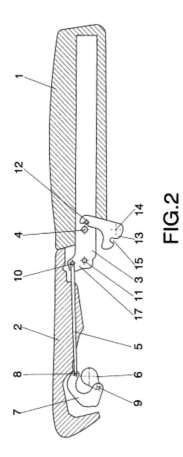

FIG.2

Una vez se realizó el Informe del Estado de la Técnica IET para esta patente, el resultado indicó que existían las siguientes patentes anteriores similares:

- WO2003080386A1   2003-10-02   Asiento   para vehículos, transformable en cama.

- ES2654647T3   2018-02-14 Silla infantil o carrito de bebé para la colocación en un asiento de vehículo de motor

- ES2232594T3   2005-06-01 Acoplador universal para cucharas de excavadora.

- US8444170B2   2013-05-21 Foldable stroller

- ES2334379T3   2010-03-09

  Sistema de soporte para pacientes.

- US2796918A *   1954-09-15

  1957-06-25 Norman   P Martin   "Article of repose for supporting the body of a person"

- GB809110A *   1957-09-18

  1959-02-18 Francis Geoffrey Austin   "Seat for a motor road   passenger vehicle"

- DE1680026A1 *   1968-03-07

  1971-09-09 Daimler Benz Ag   "Liegesitz,insbesondere fuer Kraftfahrzeuge"

- US6135558A *   1998-04-04
  2000-10-24   Bertrand Faure Sitztechnik Gmbh & Co. Kg "Motor vehicle seat with backrest foldable into sleeping position"

- US3052499A *   1959-08-10
  1962-09-04   Gen Motors Corp "Convertible seat construction"

- ES2338250T3   2010-05-05
  Sistema de apoyo para pacientes.

- ES2211589T3   2004-07-16
  Asiento de vehículo con posición de carga.

- ES2620004T3   2017-06-27

  Coche-silla plegable

- ES2370645T3   2011-12-21

  Conjunto de escalera de altillo.

- PT97246A   1992-01-31

  Aperfeicoamentos nos bancos de veiculos com cinto de seguranca incorporado

- ES2347067T3   2010-10-25

  Hibrido de escalera y plataforma.

- ES2273009T3   2007-05-01

  Asiento de pasajeros con un asiento plegable montado sobre el lado posterior del respaldo.

- ES2818848T3   2021-04-14
    Dispositivo para transportar un niño

- ES2404139T3   2013-05-24
    Silla plegable, en especial silla plegable para niños

- ES2320536T3   2009-05-25
    Soporte con gancho para sujetar elementos de andamiaje a un andamio.

- JP2751060B2   1998-05-18
    移動観覧席の座席起立装置

- ES2210972T3   2004-07-01
    Asiento de automóvil escamoteable.

- ES2796306T3   2020-11-26
    Unidad modular, que comprende un dispositivo de

asiento y un elemento de fijación para el dispositivo de asiento para su disposición en un vehículo ferroviario, procedimiento para transferir el dispositivo de asiento de una posición de estibado a una posición de uso, y vehículo ferroviario con al menos una unidad modular

- ES2255727T3   2006-07-01
   Mecanismo para sofa-camas y similares.

- ES2800425T3   2020-12-30
   Mecanismo de inclinación de una silla y silla

- ES2868880T3   2021-10-22
   Bicicleta plegable

- ES2306311T3   2008-11-01

  Mesa plegable y herraje para mesas plegables.

- US3743350A *   1972-01-06

  1973-07-03   J Allen Hinge support mechanism for a folding bench

- JPS566888B2   1977-07-16

  1981-02-14

- ES2111267T3   1993-05-19

  1998-03-01   Cesa Asiento de posiciones multiples para vehiculos automoviles.

- DE10035256C1   2000-07-202001-12-13   Keiper Gmbh & Co   "Fahrzeugsitz mit Liegestellung"

- ES2801398T3   2021-01-11

    Estructura de cama abatible con soporte de asiento escamoteable

- ES2221834T3   2005-01-16

    Mesa del tipo que tiene una pata o armazón replegable.

- JP6083063B2   2017-02-22

    車両用シートの掛止構造

Fuente: https://patents.google.com

Simplemente analizando los títulos de las patentes anteriores habrás deducido que algunas de las mencionadas en dicho informe son inventos muy diferentes a un "asiento para vehículos transformable en cama" , pero ¡No importa! Como ya habrás aprendido mediante la lectura de este libro; si algún invento anterior utiliza una técnica descrita en tu patente, aunque dicha técnica se utilice con otra finalidad, el resultado podría ser que consideren que tu patente no tiene actividad inventiva porque se puede deducir de lo que ya existe patentado o de lo que ya existe de dominio público.

Printed in Great Britain
by Amazon

32232190R00046